Barbara Heider-Rauter

Wie finde ich meinen Schutzengel?

Schirner
Verlag

ISBN 978-3-8434-5033-1

Barbara Heider-Rauter:
Wie finde ich meinen Schutzengel?
© 2011 Schirner Verlag, Darmstadt

Umschlag: Murat Karaçay, Schirner unter
Verwendung der Bilder Nr. 5664528 (Sweet
Angel) und Nr. 11144997 (liliya kulianionak),
www.fotolia.de
Redaktion & Satz: Katja Hiller, Schirner
Printed by: OURDASdruckt!, Celle, Germany

www.schirner.com

1. Auflage 2011

Inhalt

Widmung

Ich möchte dieses Büchlein allen Schutzengeln widmen – den himmlischen und den irdischen.

Ein Dank

Ich bedanke mich bei dir, mein Schutzengel, für alles, was du für mich bist und tust. Für deine Liebe und deine Großzügigkeit, für alles, was ich von dir lernen darf. Danke, dass du mein Schutzengel bist.

Von Engeln und Schutzengeln

*E*ngel gehören zu den geheimnisvollen Wesen, die uns Menschen schon immer fasziniert haben. Sie verkörpern für uns das Reine, das Vollkommene, und sie sind Gott nahe. Da wir uns meist nicht mit unserem Schöpfer verbunden fühlen, haben wir immer schon Sehnsucht danach empfunden, Botschaften aus seiner unmittelbaren Nähe zu empfangen. Engel sind als Vermittler zwischen unserer Schöpferquelle und uns tätig. Es ist also sehr verständlich, dass wie den Wunsch verspüren, mit ihnen in direktem Kontakt zu stehen, damit wir durch sie alle Neuigkeiten über uns und unseren Lebensplan erfahren.

In den letzten Jahrhunderten ist es in Vergessenheit geraten, wie hilfreich uns die Engel zur Seite stehen. Der Kontakt zwischen uns Menschen und den Engeln wurde nicht mehr gepflegt, und die Engel zogen sich in höhere Sphären zurück. Uns Menschen war es immer seltener möglich, einem Engel direkt zu begegnen.

Mit der Schwingungserhöhung der Erde haben sich die Kontakte mit den Engeln wieder erneuert und gestärkt. Die Engel haben erkannt, wie nötig es war, sich der Erde und den Menschen wieder zu nähern. Sie entschieden sich dazu, wieder leichter für uns Menschen erreichbar zu sein. So geschieht es, dass immer mehr Menschen wieder an die Existenz von Engeln glauben. Auch die Angst davor, für diesen Glauben verfolgt zu werden oder als verrückt zu gelten, fällt langsam von uns ab.

Während noch vor einigen Jahren kaum jemand öffentlich über Engel sprach oder sich gar dazu bekannte, mit ihnen regelmäßig in Kontakt zu stehen, so ist es heute schon fast »normal«, mit den himmlischen Wesen zu kommunizieren. Ja, es ist förmlich ein neuer Markt entstanden. Wohin man auch in der spirituellen Welt blickt, man findet eine Vielzahl von Engeldarstellungen, Engelchannelings, Engelbegegnungen, Engelmusik … Immer mehr Menschen haben auch die Möglichkeit, ein

Engelkanal zu sein und alles zu übersetzen, was die Engel uns sagen möchten.

Engel kommunizieren auf die unterschiedlichsten Arten mit uns. Sie nutzen all unsere sensitiven Fähigkeiten dazu, mit uns in Kontakt zu treten. Da die meisten Menschen jedoch nicht auf ihre Sensitivität vertrauen oder gerade erst dabei sind, diese Fähigkeiten zu entwickeln, haben sich die Engel in den letzten Jahren häufig der Hilfe eines Mediums bedient. Diese besonderen Menschen haben bereits vor vielen Jahren begonnen, mit den Engeln zu arbeiten und auf ihre Kommunikationsfähigkeit zu vertrauen. Jetzt sind wir mitten in einer Entwicklungsphase, in der sich jeder von uns, der daran interessiert ist, mit den Engeln zu kommunizieren, für diesen lichtvollen Austausch mit dem Reich der Engel bereit machen kann.

Engel sind Boten und Vermittler. Sie helfen uns dabei, unsere Lichtkörper und auch unsere feststofflichen Körper zu entwickeln. Ihre Aufgabe ist es, uns als Wegweiser und Wissensübermittler in diesen Zeiten des Übergangs beizustehen. Weil sich die Erde entwickelt und ihre Schwingung ständig erhöht, ist es für uns Menschen unerlässlich, unsere Schwingung ebenfalls zu erhöhen. Nur so können wir weiterhin auf der Erde leben.

Die Engel unterstützen uns auch dabei, aus unserer eingeschränkten Sicht in eine höhere und umfassendere Sicht zu finden. Durch ihre liebevolle und geduldige Präsenz können wir unsere wahre Kraft und unser Licht leichter entfalten. Mit ihrer Hilfe erfassen wir unseren größeren Lebensplan und finden diesem entsprechend in unsere größtmögliche Lichtpräsenz.

Es gibt zurzeit viele unterschiedliche Möglichkeiten, mit den Engeln zu kommunizieren. Egal, ob Sie es selbst in einem Seminar erlernen oder zu einem Engelmedium gehen, ob Sie es in einer speziellen Meditation oder über das Gebet versuchen, es gibt immer einen Weg, mit den Engeln in Kontakt zu treten. Voraussetzung für eine erfolgreiche Kontaktaufnahme ist, dass Sie das wirklich wollen und auf ihre eigenen Fähigkeiten vertrauen. Stimmen Sie zuerst Ihren feststofflichen Körper auf die Frequenz der Engel ein, dann werden Sie sie auch hören können.

In den letzten Jahrhunderten gab es immer Menschen, die sehr lichtvoll waren. Auch unschuldige Kinder haben spontane Begegnungen mit Engeln erfahren. Obwohl wir heute der Erde wieder so nahe sind, wie schon sehr lange nicht mehr, ist es nicht selbstverständlich, immer und überall in Kontakt mit den himmlischen Wesen zu kommen. Wenn wir jedoch in Not sind, helfen die Engel uns immer und überall, egal, ob wir uns darauf vorbereitet haben oder nicht.

Engel helfen immer.

Es ist für mich erstaunlich, zu sehen, wie sehr der Engelrat oder auch der Kontakt zu den Engeln manchmal missverstanden werden Die Engel haben sich dazu bereit erklärt, uns bei unserer Entwicklung behilflich zu sein, aber sie tun nicht unsere Arbeit und lösen uns auch nicht aus unseren Verstrickungen. Sie haben keinerlei Verpflichtung uns gegenüber, aber sie stellen sich uns immer zur Verfügung, um unsere alltäglichen Fragen und Kleinigkeiten zu klären. Sie tun es sehr gern, und sie tun es noch viel lieber, wenn auch wir respektvoll und dankbar mit ihnen umgehen und vor allem auf ihren guten Rat oder ihren Lösungsansatz vertrauen.

Immer wieder erlebe ich, dass Menschen sich bei den Engeln Rat einholen und diesen dann nicht befolgen. Sie bitten um eine Antwort, die sie dann jedoch ablehnen. Unsere himmlischen Begleiter haben eine unendliche Geduld, denn sie existieren im unendlichen Raum jenseits der Materie. Die Zeit, die uns hier auf der Erde manchmal so sehr plagt, ist für sie nicht relevant. Wir Menschen hingegen neigen dazu, etwas nicht zu glauben, wenn wir es nicht schnell genug umsetzen können. Wenn Sie die Engel um Hilfe bitten, lernen Sie, die Ihnen angebotene Hilfe zu achten. Vertrauen Sie darauf, dass die Engel einen größeren Ausschnitt aus dem Lebensplan sehen können als Sie.

Unter all den Engeln gibt es eine Gruppe, deren Existenz von den Menschen niemals angezweifelt wurde: die Schutzengel. Der Glauben an die Schutzengel ist tief in uns Menschen verwurzelt, und den Gedanken, dass wir mit einem persönlichen Engelbegleiter auf die Erde geboren werden und diese auch in Begleitung unseres Schutzengels verlassen, zweifeln die meisten Menschen niemals an. Es ist schon erstaunlich, dass diese Art der Engel immer für die Menschen real war und dass alle anderen Engel – auch heute noch oft – als spiritueller Unsinn angesehen werden.

Haben Sie schon einmal darüber nachgedacht? Wie viele Menschen kennen Sie, die an Engel glauben und darauf vertrauen, dass sie einen Schutzengel haben? Wie viele hingegen kennen Sie, die nicht an Engel und deren Präsenz in unserem Leben glauben?

Quer durch alle Gesellschaftsschichten sind Schutzengel im menschlichen Leben präsent, und viele Menschen erzählen von Begegnungen mit diesen Helfern aus der geistigen Welt. Gerade in Gefahrenmomenten erfahren wir Hilfe von unseren Schutzengeln, und es wurde und wird niemals angezweifelt, dass diese lichten Helfer existieren.

Schon als kleine Kinder haben die meisten von uns gelernt, unseren Schutzengel um Hilfe und Unterstützung zu bitten. Von unseren Müttern bekamen wir Gebete und auch Symbole mit auf unseren Lebensweg. Doch je älter wir wurden, desto mehr vergaßen wir, an unseren Schutzengel zu glauben und auf seinen Schutz zu vertrauen. Die meisten Erwachsenen finden erst wieder zum Glauben an die Schutzengel, wenn sie in eine ausweglose Notsituation kommen, in der sie intuitiv spüren, dass ihre Rettung nicht nur durch irdische Helfer geschieht. In diesen Momenten erinnern wir uns wieder daran, dass wir einen Schutzengel haben und dass es wohl seiner Fürsorge zu verdanken ist, dass wir so manchen Leichtsinn in unserem Leben unbeschadet überstehen durften.

Viele Menschen möchten gern in Kontakt mit Engeln, Erzengeln und anderen lichten Wesen treten, aber sie vergessen, dass der wichtigste Engel in unser aller Leben unser Schutzengel ist. Er begleitet uns immer und überall von der ersten Minute bis zur letzten Sekunde. Der Kontakt mit ihm ist der erste und wichtigste Schritt in der Kommunikation mit Engeln und Erzengeln. Sobald wir einen starken Kontakt mit unserem Schutzengel herstellen können, bemerken wir meist, dass wir uns sehr viel wohler und mit der geistigen Welt und den anderen Engeln auch verbundener fühlen. Unser Schutzengel ist unser bester Freund. Er hilft uns durch alle unsere Lebenssituationen. Manchmal begleitet er uns anders, als wir es erwarten oder gern gehabt hätten – doch seinen Schutz können wir immer spüren. Wie bei jedem anderen Freund auch, ist es manchmal schwer für uns, seine Hilfe zu verstehen.

Als ich begann, mich viel tiefer mit meinem Schutzengel zu verbinden, bekam ich auf einige meiner Fragen Antworten, die ich zuerst – bestimmt von meinem Ego – nicht akzeptieren wollte. Ich wollte es nach meiner im Kopf gefassten Meinung tun, denn ich wollte einen anderen Ausgang erzwingen als den, den mein Schutzengel mir anbot. Meist enthielten meine Handlungen viele Umwege, die mich letztlich doch zu dem Rat meines Schutzengels zurückführten. Dadurch durfte ich lernen, das größere Bild zu sehen und darauf zu vertrauen, dass mein höchstes Wohl immer im Mittelpunkt des Interesses meines Schutzengels steht. Und ich bekam die Chance, meine enge Sichtweise zu erweitern. Das große Bild der Schöpfung wurde mir durch den Kontakt mit meinem Schutzengel mehr und mehr offenbart, und ich begann, die unendliche Weisheit und Geduld in seiner Begleitung zu verstehen.

Unser Schutzengel ist immer um uns,
er will immer unser höchstes Wohl
und er lacht und weint mit uns.

Wenn wir verstehen, wie eng unser Schutzengel mit uns verbunden ist, können wir meist gar nicht anders, als ihn in unser tägliches Leben einzubeziehen. Unsere Schutzengel haben unendlich viele Aufgaben zu erfüllen. Sie stehen uns immer und jederzeit zur Seite, sie lachen und weinen mit uns, sie trösten uns und geben uns Hoffnung, wenn wir uns einsam oder unverstanden fühlen.

Schutzengel dürfen als einzige Engelgruppe ungefragt in unser Leben eingreifen, wenn wir uns in ernsthafter Gefahr befinden. Alle anderen Engel helfen und unterstützen uns immer nur nach vorheriger Bitte an sie. Die Schutzengel dürfen immer für uns da sein, egal, ob wir sie darum bitten oder nicht. Sicher hat auch Ihr Engel oft schützend für Sie gehandelt und Sie wussten nicht einmal, dass Sie in Gefahr waren.

Ein Dank an Ihren Schutzengel

Bevor Sie erfahren, wie Sie Ihrem Schutzengel danken können, möchte ich Ihnen eine kleine Geschichte aus meinem Leben mit auf Ihren Weg geben.

In unserem Leben vergessen wir sehr oft, dass unser Schutzengel uns begleitet. Auch mir ist es ähnlich ergangen. Seit frühester Kindheit bin ich mit meinem Schutzengel tief verbunden, und seine Existenz habe ich niemals angezweifelt. Trotzdem gab es eine Zeit in meinem Leben, in der mein Kontakt mit ihm – von meiner Seite aus –

unterbrochen war. Das geschah, als ich ein junges Mädchen war. Damals wollte ich so sein wie alle meine Mitschülerinnen, und deshalb unterbrach ich den Kontakt zu den Engeln zuerst sehr bewusst. Später vergaß ich dann, ihn wiederherzustellen.

Sicherlich fragen Sie sich, warum ich das getan habe. Als ich bemerkte, dass sich meine Freundinnen und Freunde teilweise von mir zurückzogen, weil ich ihnen unheimlich war, wurde ich sehr nachdenklich. Ich fühlte mich ausgeschlossen und einsam. So kam ich zur Einsicht, dass meine Gabe eher eine Plage als ein Geschenk sei, und ich beschloss, die Stimme meines Engels in Zukunft zu ignorieren.

Und nun wollen Sie bestimmt wissen, ob das geht? Ja, das geht sogar sehr gut, denn unsere Engel würden sich uns niemals aufdrängen. Wir haben immer die Wahl, ob wir mit ihnen in näherem Kontakt sein wollen oder nicht. Mein Schutzengel machte sich also mir zuliebe für mich unsichtbar, und ich konnte ihn auch nicht mehr hören.

Anfangs war ich zwar nicht so glücklich darüber, wie ich gedacht hatte, aber mit der Zeit vergaß ich ihn einfach. Etwas zu vergessen ist eine Gabe, die bei uns Menschen sehr ausgeprägt ist. Wir ignorieren etwas so lange, bis es für uns tatsächlich nicht mehr existiert. Nun, ich ignorierte meinen allerbesten Freund, meinen aufmerksamsten Beschützer, meinen liebsten Lebensgefährten, ich ignorierte meinen Schutzengel.

Die einzige bewusste Kontaktmöglichkeit, die ihm blieb, hatte er während der Nacht, in meinen Träumen. Da war er immer wieder sehr präsent, und er half mir, so gut es ihm eben erlaubt war, auch sehr bewusst durch die unterschiedlichsten Herausforderungen in meinem Leben. Weil ich aber den einmal ausgesprochenen Wunsch, ihn nicht sehen oder hören zu wollen, nicht wieder rückgängig machte, blieb ihm gar nichts anderes übrig, als in verborgener Mission zu agieren. Das tun übrigens die meisten Schutzengel. Und ich missinterpretierte viele seiner Hilfen, weil ich sie nicht klar wahrnehmen konnte.

Dieser Zustand dauerte nicht lange, aber diese Zeit genügte, mich von meinem Lebensplan abzubringen. Bevor ich auf der Erde inkarnierte, hatte ich versprochen, die Botschaft von der Existenz der geistigen Welt unter den Menschen zu verbreiten. Dafür bekam ich meine Begabungen mit. Weil ich aber aufhörte, mit meinen Freunden in der geistigen Welt zu kommunizieren, und so tat, als gäbe es sie nicht, wich ich zu weit von meinem Inkarnationsplan ab.

Mein Schutzengel versuchte alles, was in seinem Einflussbereich lag, um mich umzustimmen. Aber er hatte keinen

Erfolg, ich war ignorant ihm und den anderen Geistwesen gegenüber. Ich wollte ein ruhiges, gemütliches Leben wie alle anderen auch, basta. Ein Medium zu sein war zu dieser Zeit sehr anstrengend, denn ich musste mich ständig erklären. Und es gehörte auch viel Selbstbewusstsein und Mut dazu, gegen den allgemeinen Strom zu schwimmen. Ich wollte lieber unerkannt und ein »normales Mädchen« sein.

Mein Schöpfer ließ das aber nicht zu, denn ich war ja seine Botschafterin. Also wurde ein Plan für mich entwickelt. Es war sehr dramatisch, denn ich geriet in eine Situation, in der es tatsächlich für mich darum ging, mich noch einmal darauf zu besinnen, warum ich auf die Erde gekommen war. Ich bekam eine Nacht geschenkt, in der ich mich klar für das Leben oder gegen das Leben in meinem Körper entscheiden durfte. Sie können mir glauben, diese Nacht war die schwerste in dieser Inkarnation für mich.

In den Stunden, als ich mit mir und meinem bisherigen Leben haderte, durch alle Stadien der Verzweiflung ging, rief ich nach langer Pause zum ersten Mal wieder nach meinem Schutzengel. Er war sofort zur Stelle, und ich bekam die Möglichkeit, mit ihm über alles zu sprechen. Er erklärte mir, dass ich an meinem Lebensziel vorbeigehen würde, wenn ich meinen Auftrag, mit der geistigen Welt in ständigem Kontakt zu sein und diesen Kontakt den Mitmenschen zur Verfügung zu stellen, absichtlich boykottierte. Weil ich auf alle einfachen Versuche nicht reagiert hatte – ich bin manchmal sehr konsequent, wenn ich mir etwas vornehme – mussten die himmlischen Helfer zu dieser tragischen Maßnahme greifen.

Es war sehr beruhigend für mich, nun eine Erklärung für meine Krankheit zu haben, und durch das Gespräch mit meinem Schutzengel wurde ich innerlich sehr ruhig. Ich sprach nun auch mit meinem Schöpfer. Ich versprach ihm, meine Begabungen der sensitiven Kontaktaufnahme mit den Engeln, den Erzengeln, Meistern und Meisterinnen, ja mit allen meinen Freunden in der gesamten geistigen Welt und selbst mit meinem Schöpfer nicht mehr zu verbergen, solange ich auf der Erde weile. Von diesem Moment an war ich wieder die Mittlerin zwischen den Welten und erfüllte meine Aufgabe. Dann gab ich die endgültige Entscheidung, ob ich weiterleben oder zurück in die geistige Welt gehen sollte, an meinen Schutzengel und an Gott ab.

Die Entscheidung fiel zugunsten meines Lebens aus, und ich wurde wieder vollkommen gesund. Mein Versprechen, meinen Kontakt zur geistigen Welt nie mehr zu verleugnen, halte ich seither ein, auch wenn es in der Vergangenheit nicht immer einfach war, »anders« zu sein. Ich bekam genügend Mut und Selbstbewusstsein von meinem Schöpfer mit, um meinen Lebensplan zu erfüllen und jegliches Unverständnis meiner Mitmenschen zu verstehen.

Heute danke ich meinem Schutzengel und meinem Schöpfer für diese zweite Chance, die mir geboten wurde, und lebe meine Begabung erfüllt von Liebe und Achtsamkeit.

Meine Geschichte soll Ihnen Mut machen, den Kontakt mit Ihrem Schutzengel wieder voller Freude aufzunehmen. Egal, wie lange dieser Kontakt auch unterbrochen war, es ist immer der richtige Moment, mit dem Schutzengel wieder eine tiefere persönliche Beziehung einzugehen. Ihr Engel meint es immer zu Ihrem allerhöchsten Wohl. Erinnern Sie sich daran, und entwickeln Sie wieder Freude und Begeisterung für Ihr Leben und Ihren Engelbegleiter.

Glauben Sie mir, es gibt nichts und niemanden, der so wichtig ist, dass Sie Ihren Engel verleugnen oder seine Liebe missachten müssen.

Nutzen Sie nun die Gelegenheit, sich jetzt für alle großen und kleinen Hilfeleistungen Ihres Schutzengels zu bedanken.

Nehmen Sie sich ein paar Minuten Zeit, und kommen Sie zur Ruhe, indem Sie Ihre Gedanken auf Ihren Atem lenken. Stellen Sie sich vor, wie Ihr Schutzengel neben Ihnen steht. Wenn Sie sich bereit fühlen, gehen Sie mit Ihrer Aufmerksamkeit in Ihr Herz. Stellen Sie sich vor, wie der wunderschöne Raum in Ihrem Herzen aussieht. Er ist von Licht erfüllt und feierlich geschmückt. Bitten Sie nun Ihren Schutzengel darum, Ihnen in den Herzraum zu folgen. Laden Sie ihn liebevoll ein, auf einer Sitzgelegenheit Platz zu nehmen. Setzen Sie sich neben ihn, und beginnen Sie, ihm in Ihren eigenen Worten Danke zu sagen für seine unbegrenzte, bedingungslose Liebe zu Ihnen. Sprechen Sie zu ihm so, als würden Sie mit Ihrem allerbesten Freund reden. Spüren Sie Ihre Worte. Denken Sie nicht nur, was Sie sagen wollen, sondern fühlen Sie hinein in Ihr Herz, in diesen Raum, in dem Sie sich befinden. Und lassen Sie diese Worte und Gefühle der innigsten Dankbarkeit aus sich herausfließen.

Ihre Worte und Gefühle öffnen in Ihnen einen Raum, aus dem heraus es leichter für Sie wird, mit Ihrem Schutzengel einen noch engeren Kontakt aufzubauen. Genießen Sie das Gefühl der Verbundenheit und der Liebe, die zwischen Ihnen und Ihrem Schutzengel fließt. Dankbarkeit ist der Schlüssel, um Ihren Schutzengel zu ehren und die Kontaktaufnahme zu erleichtern.

Diese kleine Übung ist eine Geste der Achtsamkeit und der Anerkennung für alles, was Ihr Engel bisher für Sie getan hat und dessen Sie sich vielleicht nicht so bewusst waren wie gerade jetzt. Es geht dabei nicht darum, dass Ihr Schutzengel die Dankbarkeit und Anerkennung von Ihnen erwartet, sondern darum, dass Sie sich bewusst werden, was er tatsächlich für Sie ist.

Versuchen Sie, das Gefühl der liebevollen Verbundenheit aus diesem Herzraum in Ihren Alltag zu übertragen. Halten Sie immer wieder kurz inne, und widmen Sie Ihrem Schutzengel einen Moment der Dankbarkeit. Das bedarf nur einiger Sekunden, bewirkt aber sehr viel in Ihrem Energiefeld und für die tägliche Verbundenheit mit Ihrem Engelbegleiter. Wie Sie einem geliebten Menschen einen kurzen Gedanken senden, so sollten Sie auch an Ihren Schutzengel denken. Je öfter Sie an ihn denken, desto stärker wird das Band der Liebe zu ihm werden. Sein Band zu Ihnen ist bereits in höchster Qualität vorhanden, erinnern Sie sich daran, wie viel Liebe Ihr Engel für Sie bereithält.

Niemand auf der Erde liebt uns so bedingungslos wie unser Schutzengel.

Eigentlich müssen Sie nicht lange nach Ihrem Schutzengel suchen. Denn er ist immer dort, wo Sie sind.
Manche Himmelsboten halten einen größeren Abstand
zu uns und andere befinden sich ganz eng neben uns. Es
kommt immer auf die Lebenssituation an, in der wir uns
befinden. Wenn wir gerade in einer sehr risikoreichen
Phase sind, ist unser Schutzengel immer in unmittelbarer
Nähe. Geht es gerade ruhiger zu, kann auch unser Schutzengel ab und zu eine etwas größere Entfernung einhalten.
Er ist jedoch immer eng mit uns verbunden und jeder-

zeit bereit, einzugreifen, wenn wir uns wieder einmal in Schwierigkeiten hineinmanövrieren.

Der Abstand zwischen uns und ihm hat auch immer damit zu tun, wie eng wir von unserer Seite mit unserem Engelbegleiter verbunden sind. Je tiefer und regelmäßiger der Kontakt ist, desto näher ist uns auch unser Engel.

Wenn Sie auf der Suche nach Ihrem lichten Helfer sind und ihn an Ihrer Seite wahrnehmen wollen, reicht es aus, ihn zu rufen und zu bitten, nahe bei Ihnen zu sein.

Laden Sie ihn ein, Ihre Wege gemeinsam zu gehen.

Ich kann mich gut daran erinnern, als mir richtig bewusst wurde, dass mein Schutzengel immer um mich ist. Im ersten Moment hatte ich das Gefühl, ständig beobachtet zu werden, und ich begann, mich in Situationen, von denen ich annahm, dass sie meinen Engel nichts angingen, unwohl, ja sogar gehemmt zu fühlen. Später verstand ich, dass mein Engel mich in allen Lebenssituationen liebt, dass er alles versteht, dass ich ihm das Wichtigste bin und dass er immer alles von mir wissen darf. Wer das verstanden hat, fühlt sich immer und in jeder Lebenssituation bedingungslos geliebt. Als dieses Verstehen in meinem Herzen angekommen war und ich dieselbe Liebe für meinen Schutzengel empfinden konnte, die er für mich hat, öffnete sich in mir ein Licht, das ich als »Uressenz der Liebe« bezeichne.

Wenn Sie also wissen wollen, wo Ihr Schutzengel ist, lernen Sie zu verstehen, dass er immer so nahe bei Ihnen ist, wie Sie es ihm gestatten. Erinnern Sie sich daran, dass Ihr Engelbegleiter sehr gern bereit ist, seine Liebe noch viel bewusster in Ihr Leben fließen zu lassen. Sie sind die einzige Person, die diese Verbindung stärken kann. Je bewusster Sie werden und je öfter Sie Ihren Schutzengel einladen, sich Ihnen an Ihrer Seite bemerkbar zu machen, desto tiefer wird Ihr Kontakt zu ihm werden.

Doch häufig verhalten wir Menschen uns anders. Wenn es uns schlecht geht, sind wir bereit, viel zu tun und auch unsere Kontakte zur geistigen Welt zu verstärken und zu pflegen. Sobald es uns jedoch wieder besser geht, vergessen wir gern, dass es auch noch unsere Freunde in den geistigen Sphären bzw. unseren Schutzengel gibt. Wir beginnen, den Kontakt zu vernachlässigen.

Erinnern Sie sich daran:
Ihr Schutzengel ist immer an Ihrer Seite.
Sie haben es nur vergessen.

Auch für mich sind es immer sehr berührende Momente, wenn Seminarteilnehmer ihre Schutzengel auf einmal spüren können. Das sind jene kostbaren Momente im Leben, die ich als Gnade empfinde. Ich bin zutiefst dankbar dafür, den Menschen auf eine sehr einfache Weise ihre eigene Fähigkeit zur Kontaktaufnahme zeigen und ihr Vertrauen in diesen Kontakt stärken zu dürfen, ihre tiefe Liebe und

Dankbarkeit zu spüren und zu sehen, wie sich ihre Herzen weit öffnen.

Wenn Sie wiederentdeckt haben, wie Sie Ihren himmlischen Helfer spüren, können Sie dies jederzeit und überall abrufen. Sie verlieren das Fühlen der Schutzengelpräsenz dann nicht mehr.

Sie können den Kontakt auch sehr gut in Ihrem Zuhause aufnehmen. Erschaffen Sie sich einen ruhigen Raum, und dann rufen Sie Ihren Schutzengel. Bitten Sie ihn darum, sich hinter Sie zu stellen und seine Flügel oder seine Arme so um Sie zu legen, dass Ihr Herz berührt wird. Warten Sie ab, was geschieht. Haben Sie ein wenig Geduld mit sich selbst, denn sehr oft sind wir so aufgeregt, dass wir vor lauter Aufregung nichts spüren. Wiederholen Sie diese kleine Übung so lange, bis Sie Ihren Engel auch wirklich spüren können.

Wenn Sie möchten, können Sie während der Kontaktaufnahme schöne Musik hören oder eine Kerze leuchten lassen. Alles, was Sie in diesem Moment entspannt, ist hilfreich, aber es ist nicht unbedingt nötig. Ihr Schutzengel wird immer und überall, an jedem Ort dieser Welt bereit sein, Sie in seine Arme/Flügel zu nehmen. Es ist also an Ihnen, sich für dieses Gefühl zu öffnen und diesen nahen

Kontakt auch wirklich anzunehmen. Tun Sie sich einen Gefallen, und lassen Sie Ihre Vorstellung, wie es sein muss, hinter sich. Lassen Sie sich einfach überraschen.

Unser Schutzengel liebt es, uns am Tag immer wieder einen kleinen »Liebesbeweis« zu senden. Es ist wundervoll, wenn wir mitten im Alltag und seinen Herausforderung auf einmal ein Symbol, einen Geruch oder ein Bild wahrnehmen, dass uns kurz innehalten und schmunzeln lässt.

Mir geht es auf jeden Fall immer so. Wenn ich mich manchmal zu sehr in der Arbeit verliere, sendet mir mein Engel unser vereinbartes Zeichen. Ich fühle mich sofort leichter, beschwingter, und durch das kurze Innehalten verliert die Situation meist ihre Energie. Mein Engel sendet mir einen Duft gemeinsam mit einem Symbol, das wir während einer Meditation, in der ich ihn um ein immer gültiges Zeichen seiner Kontaktaufnahme bat, so vereinbart haben.

Sie können Ihren Schutzengel ebenfalls in einer kleinen Meditation um ein Zeichen bitten. Dieses Zeichen ist immer gleich, und ihr Engel hat damit eine gute Möglichkeit, sehr bewusst mit Ihnen in Kontakt zu treten oder eben einen kleinen Liebesgruß zu senden, wenn Sie gerade Aufmunterung brauchen. Manchmal hat unser himmlischer Begleiter einen besseren Lösungsansatz für eine unserer täglichen Herausforderungen für uns, aber wir können ihn wegen der vielen Anforderungen nicht wahrnehmen. Im Alltag und den ständig auf uns einwirkenden Reizen fällt es uns manchmal nicht so leicht, die leise Stimme unseres Engels zu hören. Wenn wir aber ein klares Zeichen vereinbaren, kann sich unser Schutzengel leichter bemerkbar machen und besser unsere Aufmerksamkeit erlangen.

Ich habe schon die entzückendsten Überraschungen von ihm präsentiert bekommen und unser Zeichen an Stellen gefunden, die für unser menschliches Denken an diesem

Ort unvorstellbar waren. Es macht viel Freude und lässt das Herz schmunzeln, wenn wir völlig unverhofft ein kleines Zeichen bekommen.

Sehen Sie selbst, wie sehr es Ihren Alltag bereichert und Ihr Leben fröhlicher und liebevoller macht. Ich wünsche Ihnen viel Spaß beim Finden Ihres gemeinsamen Zeichens und vor allem beim täglichen Entdecken Ihrer Schutzengelbotschaften.

Wie der Name Ihres Schutzengels lautet

Wir Menschen wollen immer wissen, wie unser himmlischer Begleiter heißt, aber es ist für uns manchmal sehr schwer, den Namen, den er uns wissen lässt, zu akzeptieren. Jeder von uns möchte gern einen Schutzengel mit einem außergewöhnlichen Namen haben oder eben einen, der aus dem Bereich der uns bekannten Erzengel kommt. Wir bewerten den Namen des Engels und sind dann sehr verwirrt, wenn wir keine Antwort von ihm erhalten.

Immer wieder erlebe ich Menschen, die nach dem Namens-ritual sagen: »Aber das ist ja so ein gewöhnlicher Name. Kann das schon der Name meines Engels sein?«

Wenn Sie den Namen Ihres Schutzengels wirklich wissen möchten, berücksichtigen Sie folgenden Rat: Forschen Sie zuerst einmal in Ihrem Innersten nach, ob Sie bereit sind, den Namen, den Sie hören werden, auch anzunehmen.

Stellen Sie sich vor, wie es Ihnen erginge, wenn Sie jemand nach Ihrem Namen fragen und ihn dann einfach nicht ak-zeptiert, ihn analysieren oder als unwichtig bewerten wür-de. Wie würden Sie sich dann fühlen? Das passiert sehr oft. Menschen erzählen mir immer wieder, dass sie zwar schon einmal einen Namen bekommen hätten, aber dieser wäre so banal gewesen, dass sie nicht darauf vertrauten, den tat-sächlichen Name ihres Schutzengels erfahren zu haben.

Namen haben eine bestimmte Schwingungsfrequenz und immer auch eine tiefere Bedeutung. Der Name Ihres Schutzengels hat sehr viel mit Ihrer Lebensaufgabe zu tun, denn Ihr Engel heißt nur für Sie und nur in diesem Leben so. Sein Lichtname in den geistigen Welten lautet – wie auch Ihr Lichtname – ganz anders. Er hat meist keine so starke Gültigkeit wie der Name, den Ihr Engel für die Auf-gabe, Sie hier auf der Erde zu beschützen, übernommen hat.

Nehmen Sie also den Namen auch an,
den Ihr Schutzengel Ihnen nennt,
und erforschen Sie ihn und seine Bedeutung.
Auf diese Weise erfahren Sie
ein Stückchen mehr über sich.

Es kann vorkommen, dass Sie zwei Namen erhalten. Dann können Sie davon ausgehen, dass Sie zwei Schutzengel haben. Manche Menschen werden mit zwei Schutzengeln geboren, die sie ihr Leben lang begleiten. Das ist oft ein Hinweis auf ein sehr bewegtes und vielleicht auch aufregendes Leben, das einige Gefahren bereithält und deshalb eines doppelten Schutzes bedarf.

Manchmal haben wir Menschen auch zwei oder drei Schutzengel um uns. Diese Wächter sind dann aber häufig nur vorübergehende Begleiter, die uns in sehr fordernden Zeiten zur Seite stehen. Wir haben dann unseren Lebensschutzengel und noch einen anderen Schutzengel für eine gewisse Zeit als Unterstützung bei uns.

Fragen Sie zuerst immer nach dem Namen Ihres himmlischen Lebensbegleiters. Wenn Sie dann zwei Namen hören, haben Sie das Glück, zwei Schutzengel in Ihrer Nähe zu wissen. Wenn Sie einen Namen erhalten, aber Ihr Gefühl Ihnen sagt, dass es noch jemanden an Ihrer Seite gibt, fragen Sie nach einem Begleiter für eine bestimmte Zeit. Wenn Sie ein »Ja« erhalten, können Sie auch ihn nach seinem Namen fragen. Und vergessen Sie nicht, sich auch bei ihm für seine Hilfe zu bedanken.

Das Ritual zur Namensfindung

Nehmen Sie sich Zeit für dieses Ritual, mindestens eine Stunde. Legen Sie sich einen Stift und ein Büchlein bereit, in dem Sie alle Ihre Eindrücke notieren können. Bereiten Sie einen heiligen Raum vor. Klären Sie ihn mit weißem Salbei, klarem energetisiertem Wasser, Weihrauch oder den Tönen einer Klangschale. Wählen Sie die für Sie passenden Mittel aus, um diesen klaren, reinen Raum zu erschaffen. Auch Musik kann diese Schwingung erzeugen. Richten Sie in diesem Raum einen Platz ein, an dem Sie sich wohlfühlen. Wenn Sie gern auf dem Boden sitzen, machen Sie es sich auf einem Sitzkissen bequem. Sie können sich auch auf einen Stuhl oder einer anderen Sitzgelegenheit niederlassen. Wichtig ist nur, dass Sie sich gut entspannen können. Entzünden Sie eine Kerze. Vielleicht möchten Sie den Platz mit einem schönen Tuch dekorieren, auf dem Sie für Sie wichtige Dinge ausbreiten, z. B. Steine, Engelsfiguren, Bilder oder auch Blumen. Was immer Sie in diesem Moment gern sehen möchten und was Ihnen ein inneres Bedürfnis ist, folgen Sie einfach Ihrer Eingebung.

Wenn Sie alles im äußeren Raum vorbereitet haben, begeben Sie sich auf Ihren Sitzplatz, und bereiten Sie nun auch Ihren inneren heiligen Raum vor. Beruhigen Sie Ihre Gedanken. Am einfachsten ist es, wenn Sie sich vorstellen, wie alle Alltagsgeschichten in diesem Moment den Raum verlassen und vor der Türe bleiben, während Sie ganz befreit und in Ruhe sind. Dies ist ein Moment nur für Sie und Ihren Schutzengel, nichts anderes ist jetzt wichtig, denn Sie haben sich entschieden, in einen ganz tiefen Kontakt mit Ihrem Engel zu treten. Achten Sie auf Ihren Atemrhythmus, und stellen Sie sich vor, wie Sie mit jedem Ausatmen ruhiger und friedlicher werden. Folgen Sie dem Atem so lange, bis Sie einen tiefen Frieden in sich verspüren, einen Frieden, der ohne Erwartungen ist, der einen Raum der Leere in Ihnen erschafft.

Wenn Sie sich bereit fühlen, rufen Sie Ihren Schutzengel herbei. Bitten Sie ihn, Sie in seine Arme zu nehmen. Danken Sie ihm für alles, was bisher in Ihrem Leben dank seiner Unterstützung, seiner Achtsamkeit, seiner Aufmerksamkeit, seiner ständigen Präsenz und vor allem seiner bedingungslosen Liebe für Sie gelungen ist. Spüren Sie in Ihr Herz hinein, und lassen Sie ihm Ihre Liebe zufließen. Beginnen Sie einen inneren Dialog mit ihm, indem Sie ihm sagen, wie gern Sie ihn bei seinem Namen ansprechen würden, damit Sie Ihre Beziehung zu ihm noch vertiefen können. Es geht um die Beziehung zwischen Ihnen als Mensch und ihm. Bitten Sie ihn nun, Ihnen den Namen anzuvertrauen, mit dem er von Ihnen genannt werden möchte. Sein Name wird der erste Name sein, den Sie hören. Bedanken Sie sich bei Ihrem Schutzengel dafür, dass er Ihnen seinen Namen soeben offenbart hat.

Ich erinnere Sie an dieser Stelle noch einmal daran, den Namen voller Liebe anzunehmen und ihn nicht anzuzweifeln. Einige werden einen ganz normalen Namen hören, der auch auf der Erde für uns Menschen geläufig ist, andere nehmen einen komplizierten Namen wahr, den man kaum aussprechen kann, und wieder andere erhalten einen Namen, der den Erzengeln oder den Engeln der Kabbala entspricht.

Der Name unseres Schutzengels beinhaltet immer eine Botschaft an uns, und er ist ein Hinweis auf die Aufgabe des Engels beziehungsweise auf unsere Lebensaufgabe. Sie können Ihren Engel nun um seine Erklärung des Namens bitten. Diese kann wie eine innere Stimme bei Ihnen ankommen, oder Sie sehen Bilder vor Ihrem geistigen Auge. Vielleicht erklärt er Ihnen die Bedeutung seines Namens auch durch einen bestimmten Klang, Geschmack oder Geruch. Achten Sie auf alle Empfindungen, denn Ihr Schutzengel arbeitet über Ihre sensitiven Fähigkeiten mit Ihnen. Jeder von uns hat mindestens einen Kanal in Gebrauch, viele haben in diesen Zeiten bereits mehrere sensitive Kanäle geöffnet. Aus diesem Grund kann es sein, dass der Name Ihres Engels für Sie spürbar und sichtbar wird, dass Sie ihn sogar riechen oder schmecken können. Bleiben Sie ruhig, und nehmen Sie alle Informationen auf, die Sie erhalten. Fragen Sie Ihren Engel nach der Bedeutung, die sein Name für Sie und Ihr Leben hat. Sammeln Sie auch diese Informationen, ohne sie sofort zu analysieren.

Wenn Sie die Kommunikation beenden wollen, bedanken Sie sich nochmals, und lassen Sie Ihrem Engel alle Liebe zufließen, derer Sie in diesem Moment fähig sind. Verabschieden Sie sich für den Moment – in dem Wissen, dass Ihr himmlischer Begleiter immer in unmittelbarer Rufweite ist und dass Sie jetzt einen direkteren Zugang zu ihm haben, Sie kennen ja nun seinen Namen.

Tauchen Sie langsam aus Ihrem tiefen inneren Raum des Friedens auf, indem Sie wieder bewusst Ihrem Atem folgen. Öffnen Sie die Augen bei einem Ausatmen.

Schreiben Sie anschließend alle Eindrücke in das bereitgelegte Büchlein. Notieren Sie auch alle anderen Erlebnisse mit Ihrem Schutzengel darin. Sie werden staunen, wie schnell sich dieses Büchlein füllt, wenn Sie bereit sind, im täglichen, bewussten Austausch mit Ihrem Schutzengel zu stehen. Vereinbaren Sie mit sich selbst einen Zeitpunkt, an dem Sie jeden Tag mit Ihrem Engel in einen persönlichen Dialog gehen. Halten Sie Ihre Begegnungen kurz in Ihrem ganz persönlichen Schutzengelbüchlein fest. Auf diese Weise gewöhnen Sie sich daran, immer mit Ihrem Schutzengel in Kontakt zu bleiben. Außerdem ist es sehr schön, immer wieder nachzulesen, wie viel Unterstützung wir von unserem Begleiter erhalten. Das Büchlein hilft Ihnen dabei, das Band der Liebe und der Achtsamkeit dichter und dichter zu weben, und Sie werden bemerken, wie Ihr Leben sich leichter, freudvoller und auch sinnerfüllter gestaltet.

Wie Ihr Schutzengel aussieht und welche Farbe er hat

Neben dem Namen unseres Schutzengels wollen wir immer gern wissen, wie er aussieht, wie groß er ist, welche Farbe er hat und ob er eher männlich oder weiblich aussieht. Schutzengel können sehr unterschiedlich erscheinen. Weil sie sehr verständnisvoll sind und meist Rücksicht auf uns und unser menschliche Vorstellung von einem Engel nehmen, stellen sie sich uns oft in einer Form dar, die wir annehmen können. Schutzengel sind wie alle anderen Engel auch Licht, in einem Frequenzbereich schwingend, sodass es uns mit unseren physischen Augen normalerweise nicht möglich ist, sie zu sehen. Nur wenige Menschen haben sich die Fähigkeit bewahrt, ihren Engel zu sehen. Wenn wir inkarnieren, sind wir mit den Engeln noch so vertraut, dass es für uns selbstverständlich ist, sie auch zu sehen. Doch je älter wir werden, desto öfter wird uns von den Erwachsenen erklärt, dass wir das, was wir sehen, nicht wirklich sehen.

Also beginnen wir, die Engel aus unserem Glaubenssystem und auch aus unserem Sichtfeld zu verbannen. Später lernen wir mühsam, sie wieder zu sehen oder auf die eine oder andere Art und Weise wahrzunehmen.

Unser Schutzengel hat die Möglichkeit, seine Schwingung so zu verringern, dass wir ihn tatsächlich in einer menschlichen Gestalt wahrnehmen können. Manchmal ist es geradezu verblüffend, wie menschlich er aussieht. Dann kann es passieren, dass wir bezweifeln, dass das ein Engel ist. Gerade in Momenten der größten Gefahr begegnet uns unser Schutzengel oft in der Form eines menschlichen Helfers. Manchmal benutzen die Engel dafür Menschen, die gerade vorbeikommen oder in unmittelbarer Nähe sind. Manchmal reduzieren sie auch ihre Schwingung und werden dadurch sichtbar.

Unser Schutzengel bemüht sich also, uns eine Form zu zeigen, mit der wir gut zurechtkommen. Wie sein Name deuten auch seine Form und seine Farbe auf uns und unseren Auftrag auf der Erde hin. Seine Farbe gibt uns Hinweise, worauf unser Leben ausgerichtet ist.

Wenn Ihr Engel Ihnen seine Farbe offenbart, sollten Sie sich diese Farbe gut ansehen, denn dies ist auch Ihre Farbe. Ein blauer Engel beispielsweise zeigt an, dass es in Ihrem Leben um den Frieden, die friedliche Kommunikation geht und darum, das männliche und das weibliche Element in sich zu vereinen. Ihr Engel hilft Ihnen genau auf diese Art und Weise. Er ist friedlich, lässt ständig Friedensenergie zu Ihnen strömen und hilft Ihnen dabei, Lösungen in der Energie des Friedens zu finden und zu lernen, ihre Wahrheit friedlich auszusprechen.

Manche Schutzengel haben auch zwei Farben. Sollte das auch bei Ihnen der Fall sein, sind die Bedeutungen beider Farben für Sie gültig.

Wenn Sie die Gestalt und die Farbe Ihres Engels wahrnehmen möchten, empfehle ich Ihnen, ein ähnliches Ritual wie das zur Übermittlung des Namens zu machen. Bereiten Sie wieder Ihren heiligen Raum vor, und begeben Sie sich in Ruhe und in Ihren inneren Frieden. Laden Sie

Ihren Schutzengel zu sich ein, und bitten Sie ihn darum, dass er sich dieses Mal vor Sie stellt und Ihnen seine Größe und seine Farbe übermittelt. Es kann sein, dass Sie ihn vor Ihrem inneren Auge sehen. Es geschieht aber auch, dass ein Geruch übermittelt wird, der Sie an eine bestimmte Farbe erinnert. Der Duft von Lavendel würde beispielsweise auf Violett hindeuten. Der Duft ist immer so gewählt, dass Sie genau wissen, welche Farbe gemeint ist.

Sammeln Sie wieder alle Informationen, die Sie bekommen, und analysieren Sie nicht sofort. Ihr Ziel ist es, am Ende der Meditation ein klares Bild von der Größe und der Farbe Ihres Schutzengels zu haben. Sollten Sie nicht genügend Details erfahren haben, so fragen Sie Ihren Begleiter einfach. Bedanken Sie sich für seine Liebe und für die Informationen, Sie können ihm auch noch Fragen stellen, die Ihnen am Herzen liegen.

Beenden Sie die Sitzung mit einem Dankeschön, und lassen Sie wieder so viel Liebe von Ihrem Herzen zum Herzen Ihres Engels fließen, wie es Ihnen möglich ist. Schreiben Sie Ihre Erlebnisse in Ihr Schutzengelbuch, und versuchen Sie, die Verbindung zwischen dem Namen, der Form und der Farbe Ihres Engels zu finden. Fühlen Sie in sich hinein, was es für Sie bedeutet, dass Ihr Engel sich Ihnen in dieser Gestalt und in dieser Farbe zeigt. Fragen Sie sich, was das mit Ihnen, Ihrem Leben und vor allem mit Ihrem Lebensauftrag in dieser Inkarnation zu tun hat.

Weil Ihr Engel Sie vom Anfang Ihrer irdischen Erfahrung bis zum Übergang begleitet, ist es nur verständlich, dass seine Farbe auch Ihrer Energie entspricht. Die nachfolgend aufgeführten Hauptbedeutungen der Farben liefern Ihnen einen kleinen Einblick in die Grundenergie Ihres Lebensauftrags. Bei den Farben gelten immer alle Abstufungen – von Pastell bis zum Vollton.

♥ Blau
Frieden, friedliche Kommunikation, Einblicke in den größeren Schöpferplan, Vereinigung der männlichen und der weiblichen Energie in uns, Harmonie

♥ Gelb
Wissen, Lebensfreude, Klarheit, Gefühle, Spontaneität, strahlend wie die Sonne, wärmend

♥ Gold
Vertrauen, innerer Reichtum, Weisheit, Fülle, Vorurteilslosigkeit, Unabhängigkeit, Alchemie

❦ Grün

Verbundenheit mit der Natur, dem Herzen und der Herzensstimme folgen, neue Wege gehen, Panoramabewusstsein entwickeln, Neubeginn, Hoffnung, Wachstum auf allen Ebenen

❦ Koralle

Gemeinschaft, verbindend, Zartheit, Verletzlichkeit, aufbauend

❦ Magenta

Achtsamkeit, Aufmerksamkeit, Seelenverbindungen herstellen, starke Verbindung mit dem Schöpfer

❦ Orange

Heilung auf der Zeitlinie, kreativer Fluss und Lebensfreude, Wärme, Charisma, Mitgefühl

❦ Rosa

Liebe, Empfänglichkeit, Zärtlichkeit, nährende Energie, schützend

♥ Rot

Kraft, Mut, Umsetzung, Freude an der Materie, Leidenschaft für das Leben, Schutz für die Erde, Urvertrauen

♥ Türkis

Kommunikation über das Herz, Kreativität, Organisationstalent, Familiensinn, Leichtigkeit, spielerischer Umgang mit dem Leben, Begabung für alle neuen Technologien

♥ Violett

Heilung, Transformation, Verbindung mit der Schöpferquelle, klärend und reinigend, Spiritualität

♥ Weiß

Klarheit, Spiegelfunktion, Mond, karmische Erlösung, Reinheit, Schutz, durchleuchtend

Was Ihr Schutzengel alles für Sie tut

Unser Begleiter hat noch viel mehr Aufgaben als nur unseren Schutz. Bei vielen Gelegenheiten in unserem Leben können wir ihn um Hilfe bitten. Wenn Sie den Namen und auch die Gestalt Ihres Schutzengels kennen, ist es noch leichter für Sie, mit ihm in Kontakt zu treten. Er ist wie Ihr bester Freund, immer darum bemüht, Ihnen auf Ihrem Lebensweg weiterzuhelfen und zu Hilfe zu eilen. Weil Ihr Engel immer Ihr höchstes Wohl im Sinn hat, ist es auch sehr ratsam, ihn um seine Meinung zu bitten. Er wird Ihnen sofort zu verstehen geben, wenn Sie gerade dabei sind, sich in etwas zu verstricken, das Ihnen auf Ihrem Entwicklungsweg nicht hilfreich ist. Das erspart Ihnen zahlreiche Umwege.

Beginnen Sie, ihn regelmäßig um seine Ansichten zu verschiedenen Situationen zu bitten, und berücksichtigen Sie seinen liebevollen Rat bei der Planung. Vertrauen Sie darauf, dass Ihr Engel den größeren Überblick hat. Sie werden auch bemerken, dass Sie nicht immer eine Antwort von ihm bekommen, denn bei manchen Entscheidungen kann und soll er nicht eingreifen. Wenn er es jedoch darf, tun Sie sich selbst einen Gefallen, und befolgen Sie seine Anregungen.

In der Liebe

Hilfe in der Partnerschaft

Ihr Schutzengel hat die Möglichkeit, mit dem Schutzengel Ihres Partners zusammenzuarbeiten. Wenn Sie also partnerschaftliche Probleme haben, bitten Sie Ihren Schutzengel darum, dass er sich mit dem Schutzengel Ihres Partners trifft und Ihr Thema auf die positivste Weise regelt. Stellen Sie sich vor, wie die beiden Schutzengel liebevoll und gütig zu einer Lösung finden. Bitten Sie den Schutzengel Ihres Partners darum, dass er bei seinem Schützling besonders liebevoll einwirkt, damit Ihr Problem bald in Liebe aufgelöst wird. Tragen auch Sie Ihren Teil zur Lösung bei, und hören Sie auf das, was der Engel Ihres Partners Ihnen zu sagen hat. Und vertrauen Sie auf die Hilfe der beiden Engel.

Beim Einschlafen können Sie sich vorstellen, wie auch die beiden Schutzengel in Frieden miteinander ruhen. Weil Sie sehr eng mit Ihrem Partner verbunden sind, sind es auch die beiden himmlischen Begleiter. Und beide wollen immer nur Ihr höchstes Wohl. Vertrauen Sie darauf, dass Ihr Schutzengel und der Schutzengel Ihres Partners miteinander kommunizieren. Selbst wenn Sie vielleicht keine unmittelbare Antwort bekommen, bitten Sie die beiden Engel immer wieder darum, sich Ihrer Liebe anzunehmen und Ihnen beizustehen, damit Ihre Partnerschaft immer harmonisch, in der Energie der Achtsamkeit und von Liebe erfüllt ist. Bedanken Sie sich für alle positiven Veränderungen, die Sie bemerken, und richten Sie Ihren Fokus auf Ihr Ziel aus.

Beginnen Sie einfach sofort damit, Ihren Schutzengel um Hilfe zu bitten, wenn es um Ihre Partnerschaft geht. Erzählen Sie ihm von Ihren Sorgen oder auch Ihren Bedenken, und bitten Sie, dass Ihr Engel mit dem Engel Ihres Partners eine Lösung findet, die für beide Beteiligten das höchste Wohl beinhaltet. Vor allem bitten Sie ihn, mit dem Engel des Partners zu kooperieren und einen friedlichen, liebevollen Plan im energetischen Feld zu kreieren, damit dieser auf der Erde umgesetzt werden kann. Sehen Sie selbst, wie einfach vieles wird, allein dadurch, dass die Engel zusammenarbeiten.

Auch wenn Sie sich bei Ihrem Partner bedanken möchten und er es nicht so richtig aufnehmen will, versuchen Sie es über die Schutzengel. Sie werden staunen, was sich im Umgang zwischen Ihnen und Ihrem Partner alles zum Positiven verändert, wenn Sie die beiden Schutzengel mithelfen lassen. Ganz nebenbei haben die Schutzengel auch noch eine riesige Freude daran, denn es gehört zu ihrem Aufgabengebiet, für uns tätig zu sein – nur meist lassen wir sie nicht.

Je mehr Sie Ihre Engelbegleiter in Ihrem Leben mithelfen lassen, desto leichter, reibungsloser und freudvoller wird es. Sie ersparen sich viele unnötige Abzweigungen und haben mehr Kraft und Energie, um Ihr Potenzial zu entwickeln und Ihrer eigenen Bestimmung zu folgen.

Bei der Suche nach dem Seelenpartner

Wenn Sie noch auf der Suche nach Ihrem Seelenpartner sind, bitten Sie Ihren Schutzengel, ihn ausfindig zu machen und mit seinem Schutzengel in Kontakt zu treten, damit Sie ihm endlich begegnen können. Beide Schutzengel können Sie und Ihren Seelenpartner zusammenführen. Das heißt nicht, dass es nicht auch ohne himmlische Hilfe eintritt, aber mit der Unterstützung von oben geht es vielleicht schneller und einfacher, denn auch hier haben unsere Engel einen größeren Überblick. Es macht Ihnen Freude, im Dienst der Liebe für uns tätig zu werden. Und Sie haben manchmal Arrangements für uns parat, die wir niemals so einrichten könnten.

Wenn Sie also um die Begegnung mit Ihrem Seelenpartner bitten, achten Sie auf die Hinweise Ihres Schutzengels. Geben Sie den Impulsen nach, die in Ihnen auftauchen. Sollten Sie auf einmal das Gefühl haben, Sie müssten unbedingt ins Theater, ins Kino oder in ein bestimmtes Restaurant gehen, hinterfragen Sie Ihre Eingebung nicht, sondern begeben Sie sich auf den Weg zu Ihrem zukünftigen Partner. Sie können sich gar nicht vorstellen, wie viele Fäden von Ihrem Schutzengel und dem Schutzengel Ihres zukünftigen Partners gezogen werden müssen, damit Sie Ihrem Liebsten zum richtigen Zeitpunkt begegnen und ihn auch wahrnehmen. Die Engel sind in diesen Dingen sehr erfinderisch und beweisen meist eine gute Portion Humor bei ihren Arrangements. Halten Sie also alle Ihre Kanäle offen, und folgen Sie den Einflüsterungen Ihres Schutzengels voller Vertrauen.

Trennungen in der Energie der Liebe

Manchmal ist es in unserem Leben so, dass uns nur eine gewisse Zeitspanne mit einem Partner beschieden ist. Es gibt viele Gründe dafür, warum wir uns auseinanderentwickeln oder unsere gemeinsame Zeit eben einfach vorüber ist. Wenn wir jemanden lieben, heißt das nicht zwangsläufig, dass wir auch gemeinsam mit ihm leben möchten. Es fällt uns oft schwer, dies zu verstehen. Aber die Liebe darf bleiben, auch wenn sich das Paar trennt. Es ist eine große Gnade, wenn man sich trennt und noch das gute Gefühl der gegenseitigen Achtung und freundschaftlichen Liebe verspürt. Weil es uns Menschen manchmal schwerfällt, eine Trennung wirklich gut vorzunehmen, ist es sehr ratsam, die Schutzengel aller Beteiligten um Unterstützung zu bitten.

Bitten Sie Ihren Schutzengel darum, beim Schutzengel Ihres Partners vorzusprechen und ihn darauf vorzubereiten, dass Sie sich trennen wollen. Eine Trennung kann mit der Unterstützung der beiden Engel leichter und in der Energie des gegenseitigen Verständnisses vollzogen werden. Die üblichen Probleme zwischen den ehemaligen Partnern treten dann oft nicht auf.

Auch bei schwierigen und langwierigen Trennungen können die beiden Schutzengel eine unschätzbare Hilfe sein, denn sie helfen dabei, die verhärteten Fronten zu überwinden und Raum für ein neues Verständnis entstehen in den Herzen aller zu lassen.

Für unsere Kinder

Sie können Ihren Schutzengel auch bei allen Belangen, die Ihre Kinder betreffen, um Unterstützung bitten. Bitten Sie auch hier die Schutzengel, dass sie miteinander kommunizieren, oder sprechen Sie direkt mit dem Schutzengel Ihres Kindes. Greifen Sie niemals ein, sondern bitten Sie um liebevolle Führung, Schutz und glückliche Lösungen bei allen Arten von Herausforderungen.

Zeigen Sie Ihrem Kind, wie es mit seinem Schutzengel sprechen kann. Seien Sie ihm ein positives Vorbild. Wenn Ihr Kind Probleme mit anderen Kindern hat, erklären Sie ihm, dass sein Schutzengel gern mit den Schutzengeln der anderen Kinder in Liebe nach einer Lösung sucht. Lehren Sie Ihr Kind, wie es Vertrauen in die Kraft und die Hilfe seines Schutzengels aufbaut. Machen Sie Ihrem Kind und auch sich selbst immer wieder bewusst, dass unser Schutzengel alles für uns tut, was in seinem Einflussbereich liegt, dass wir aber auch immer aufgefordert sind, unseren Teil beizutragen.

Unser Schutzengel erledigt nicht unsere Arbeit, aber er schafft ein Umfeld, in dem es uns leichter fällt, diese Arbeit zu tun.

Er kann uns neue Lösungsmöglichkeiten anbieten, wenn wir vielleicht keine Auswege sehen.

Sprechen Sie täglich gemeinsam mit Ihrem Kind ein kleines Dankesgebet. Lassen Sie auch Ihr Kind ein Schutzengeltagebuch führen. Dies kann zuerst aus Zeichnungen bestehen und später auch aus kleinen Texten. Vermitteln Sie Ihrem Kind die Botschaft, dass sein Schutzengel sein allerbester Freund für das ganze Leben ist.

Machen Sie sich immer wieder bewusst: So, wie Sie Ihrem Kind beibringen, seinen Schutzengel auch an andere Plätze oder zu Personen zu senden, mit denen es gerade einen Konflikt gibt, haben auch Sie als Erwachsener die Möglichkeit, Ihren Schutzengel zu den Nachbarn, Arbeitskollegen, einem Lehrer oder zu anderen Menschen zu senden, die Sie gerade herausfordern. Bitten Sie immer darum, dass Ihr Engel in Kontakt mit dem anderen Schutzengel tritt, und erwarten Sie eine gütige Lösung für Ihre Probleme. Tragen auch Sie immer Ihren Teil zur Lösung bei. Dadurch helfen Sie den Engeln, und die Engel helfen Ihnen. Beide Seiten arbeiten an der bestmöglichen Lösung. Vertrauen Sie den Hinweisen, die Sie von Ihrem Schutzengel erhalten. Er wird mit Ihnen in Kontakt sein. Und je öfter Sie in diesen Kontakt treten und je besser Sie die Botschaften lesen können, desto intensiver wird ihre Zusammenarbeit.

Ihr Schutzengel wird keine Lösung für Sie vornehmen, aber er wird Ihnen Wege zu einer glücklichen Lösung zeigen und diese mit seiner höchsten Energie unterstützen.

Für unsere Tiere

So, wie wir Menschen werden auch unsere Tiere mit einem Schutzengel geboren. Gerade Tiere, die sich entschieden haben, ihr Leben in enger Gemeinschaft mit uns Menschen zu verbringen, haben ihre Schutzengel immer sehr nahe bei sich. Die meisten Tiere kommunizieren immer und sehr direkt mit ihrem himmlischen Begleiter.

Auch Wildtiere haben ihre Schutzengel. Allerdings greifen diese nur dann ein, wenn das Tier vor dem Ende seiner geplanten Lebenszeit in Lebensgefahr gerät. Sonst sind die Schutzengel der Wildtiere eher Wächter, die sich in einiger Entfernung aufhalten und einem eher losen Kontakt mit ihren Tieren pflegen.

Sie können also auch über Ihren eigenen Schutzengel mit dem Schutzengel Ihres Tieres in Kontakt treten. Wenn Sie Probleme mit Ihrem Tier haben oder Ihr Haustier krank ist, haben Sie die wundervolle Möglichkeit, über Ihren Schutzengel an Informationen zu den Ursachen der Probleme zu gelangen. Weil die Schutzengel immer miteinander kommunizieren können, haben Sie auf diese Weise einen neuen Zugang zu Ihrem Tier und seinen Bedürfnissen. Für den Engel Ihres Tieres ist es ebenso wichtig, dass Sie Ihr Tier verstehen, wie für Sie. Wenn Ihr Haustier Verhaltensauffälligkeiten zeigt, können Sie seinen Schutzengel darum bitten, hilfreich auf das Tier einzuwirken.

Denken Sie daran, wie hilfreich die Zusammenarbeit Ihres Schutzengels mit dem Schutzengel Ihres Lieblings sein kann, und nutzen Sie diese Chance auf ein leichteres Verstehen. Was auch immer Ihrem Tier fehlt oder ob es ausgerissen ist, bitten Sie immer Ihren Schutzengel darum, in Kontakt mit dem Schutzengel Ihres Haustieres zu treten, um diesem auf allen Ebenen zu helfen. Bedanken Sie sich auch einmal bei dem Schutzengel Ihres Tieres dafür, dass Ihr Gefährte zu Ihnen gefunden hat und Ihr Leben mit seiner Anwesenheit bereichert. Sein Schutzengel war sicher maßgeblich daran beteiligt, dass gerade dieses Tier den Weg zu Ihnen gefunden hat.

Wenn Sie auf der Suche nach einem geeigneten Tierbegleiter sind, können Sie Ihren Schutzengel aussenden, damit er das zu Ihnen passende Haustier findet und in Zusammenarbeit mit dem Schutzengel des Tieres eine Begegnung ermöglicht. Schutzengel sind immer und gern dazu bereit, uns in allen unseren Lebensbereichen hilfreich zu unterstützen. Gerade wenn es darum geht, dass wir glücklich und von Liebe erfüllt durch unser Leben gehen, helfen sie uns besonders gern. Es ist ihnen eine große Freude, das richtige Tier für uns ausfindig zu machen und die nötige Unterstützung von allen Seiten zu geben.

Die folgende kleine Geschichte möchte ich Ihnen nicht vorenthalten. Sie zeigt, wie Schutzengel uns und unseren Tieren dabei helfen, zueinanderzufinden.

Die Tochter meiner Freundin wünschte sich nichts sehnlicher als eine Katze. Weil sie gemeinsam mit ihren Eltern im Haus ihrer Großmutter wohnte, hatte natürlich auch die alte Dame ein Mitspracherecht bei dieser Frage. Die Oma weigerte sich strikt, eine Katze im Haus zu akzeptieren. Kein Gespräch, keine Tränen, nichts konnte die Großmutter umstimmen.

Das kleine Mädchen entschied sich also dafür, mit seiner Mutter einmal in der Woche ins Tierheim zu fahren, dort für eine Katze zu sorgen und eine Patenschaft für diese Katze zu übernehmen. Jedes Mal fiel ihm der Abschied sehr schwer, und immer wieder fragte es seine Mutter, ob es nicht möglich sei, eine eigene Katze zu bekommen. Als der Geburtstag des Mädchens näher rückte, hatte es nur einen Wunsch: eine Katze.

Meine Freundin ist schon lange mit den Engeln vertraut und so sagte sie zu ihrer Tochter: »Weißt du was? Sprich mit deinem Schutzengel, und bitte ihn, zum Schutzengel der Oma zu gehen und mit ihrem Engelbegleiter zu besprechen, wie sie es arrangieren, dass wir eine Katze bekommen können. Bitte ihn aus tiefstem Herzen, und vertraue darauf, dass er dir hilft. Vertraue darauf, dass er eine Lösung für diese Angelegenheit findet.«

Und es geschah ein Wunder – etwas, das wir Menschen uns gar nicht ausdenken können. Am Geburtstag miaute eine schwarz-weiße Katze ganz kläglich vor der Tür des Hauses. Nur die Oma war zu Hause. Nach einiger Zeit öffnete sie die Tür, um nachzusehen, warum die Katze so jämmerlich miaute. Die Katze saß einfach ganz brav da und sah sie aus großen Augen an. Dann stand sie auf und strich um die Beine der alten Dame. Die Großmutter schloss die Tür wieder, denn sie wollte ja keine Katze im Haus haben. Als jedoch meine Freundin, ihr Mann und ihre Tochter nach Hause kamen, saß die Katze immer noch wartend vor der Tür. Sie ging wie selbstverständlich mit ins Haus und verhielt sich so, als wäre sie dort schon immer zu Hause gewesen.

Aus der Nachbarschaft kam die Katze nicht, auch aus dem Tierheim war sie nicht entlaufen. Diese Katze schien direkt aus dem Himmel vor die Haustüre spaziert zu sein, denn niemandem gehörte sie, niemand vermisste sie und niemand suchte nach ihr.

Nach einigen Tagen gab die Großmutter ihren Widerstand auf, denn die charmante Katze hatte sie um ihre Katzenpfoten gewickelt. Heute ist es sogar so, dass die Oma die Erste ist, die sich sorgt, wenn Frau Katze einmal verspätet von einem Ausflug aus der Natur zurückkommt.

Das kleine Mädchen weiß, dass sie dieses Wunder nur ihrem und dem Schutzengel ihrer Katze zu verdanken hat. Es ist sehr berührend für mich, zu sehen, wie sehr sie auf ihren Engelfreund und seine Unterstützung vertraut, wie tief sie mit ihm verbunden ist und dass aus diesem tiefen Vertrauen heraus solche Wunder geschehen können.

Für Länder, Städte, Orte . . .

Unter den Engeln gibt es eine große Gruppe von Schutzengeln, die sich dazu bereit erklärt haben, für Länder, Städte, Orte oder ganz spezielle Plätze zur Verfügung zu stehen. Auch die gesamte Erde, die ebenfalls ein Lebewesen ist, hat einen Schutzengel an ihrer Seite. Die meisten dieser Engel kommen aus den Reichen der Erzengel, der Seraphim und der Elohim, während die Engel von speziellen Plätzen aus dem großen Reich der Engel kommen.

Die Schutzengel, die im Einsatz für die Erde unterwegs sind, haben zurzeit sehr viel zu tun, denn die Erde befindet sich in einem absoluten Ausnahmezustand. Die Engel helfen der Erde dabei, alle Veränderungen besser zu bewältigen. Sie unterstützen auch ihre Regeneration nach Naturkatastrophen sowie nach allen Unfällen, die Gift für die Erde sind, z. B. nach Nuklearkatastrophen oder dem Auslaufen chemischer Substanzen. Die Arbeit dieser Erdenschutzengel ist sehr strapaziös, denn wir Menschen betreiben allerlei Unfug und beschädigen oder zerstören dabei gar die Erde und ihre heiligen Stätten und Plätze.

Wir haben aber auch die Möglichkeit, den Erdenschutzengeln unsere Schutzengel als Unterstützung zu schicken
oder alle Informationen, die diese großen Schutzengel für
uns bereithalten, über unsere persönlichen Schutzengel zu
empfangen und unser Verhalten entsprechend auszurich-
ten. Es gibt immer eine Lösung, und es ist sehr wichtig,
dass wir wieder zu verstehen lernen, dass es auf jeden Ein-
zelnen ankommt, für eine positive Lösung für die Erde,
ihre Kontinente, ihre Städte und ihre Plätze einzustehen.

Die Schutzengel sind gemeinsam stärker. Deshalb macht es Sinn, unseren Schutzengel zu bitten, an einer neuen Erde mitzuarbeiten.

Sicherlich fragen Sie sich nun, wie das gehen soll. Ich möchte Ihnen ein kurzes Beispiel geben. Nachdem im März 2011 ein starkes Erbeben und der dadurch ausgelöste Tsunami Japan getroffen hatten, ging es darum, möglichst schnell Hilfe zu leisten und weiteres Unheil fernzuhalten, ein Atomkraftwerk war ja auch schwer beschädigt worden. Zu dieser Zeit war ich gerade mit einer Gruppe von Menschen zusammen, die von der Hilfe durch Schutzengel wussten. Wir haben uns also zusammengesetzt und gemeinsam um Kontakt mit dem zuständigen Engel gebeten. Wir wollten ihn persönlich unterstützen. Nachdem wir seinen Namen erfahren hatten, baten wir umgehend unsere Schutzengel darum, zu ihm zu eilen und zu erfragen, welche Hilfe wir leisten könnten. Unsere Engel kamen mit einigen sehr guten Nachrichten zu uns zurück, und wir begannen unverzüglich, ihre Anweisungen umzusetzen. Wir sendeten sie zu den Naturwesen jenes Teil von Japan, zu den Betroffenen und deren Schutzengel und zur Unterstützung des Erzengels, der für Japan zuständig ist. Wir baten sie, während wir in Meditation unsere Hilfe zufließen ließen, ihren Anteil zu leisten. Wir waren in diesem Moment ja geschützt und benötigten ihre Hilfe nicht. Somit konnten sie vor Ort in Japan helfen und sich mit den Schutzengeln des Landes, der Orte, der Städte und der Plätze vereinen und ihnen beistehen. Diese Hilfe dauerte einige Tage an, und wir wussten, dass wir und unsere Schutzengel sehr hilfreich waren.

Dasselbe können auch Sie tun, indem Sie Ihren Schutzengel bitten, dem zuständigen Schutzengel an einem für Sie wichtigen Ort Hilfe zu leisten. Dies kann ein Kraftort sein, der verunstaltet wurde, oder eine Stadt, in der es Unruhen gibt, ein Land, in dem Krieg herrscht, oder ein Gebiet, das von Hunger oder Dürre betroffen ist. Sie wissen ja nun, dass jeder Ort einen Schutzengel hat. Sie können jederzeit mit diesen Schutzengeln in Kontakt treten. Fragen Sie den Beschützer, was er braucht, und vertrauen Sie darauf, dass Sie immer die richtige Antwort erhalten. Es ist nicht wichtig, ob Sie den Namen des Schutzengels kennen, verbinden Sie sich über Ihren Schutzengel, und helfen oder bedanken Sie sich für die Schönheit und die Fülle des Ortes, den der Schutzengel behütet. Wenn Sie den Namen des Schutzengels wissen wollen, fragen Sie höflich danach, und vertrauen Sie darauf, dass Sie den richtigen Namen hören.

Einen eigenen Engelplatz in der Natur einrichten

Wenn Sie sich gerufen fühlen, mit der Erde oder für die Erde mehr zu tun, wenn Sie sich besonders gern in der Natur aufhalten und sich eng mit der Kraft und der Magie der Erde verbunden fühlen, können Sie auch einen Engelplatz einrichten. Vielleicht haben Sie einen Garten, in dem es eine bestimmte Stelle gibt, an der Sie spüren, dass dort ein heiliger Raum entstehen soll. Oder Sie haben einen Lieblingsplatz in der Nähe, an dem Sie schon immer gefühlt haben, dass er auf eine besondere Weise mit Ihnen verbunden ist.

Wählen Sie einen für Sie wichtigen Tag aus. Vielleicht steht der Mond gerade günstig oder der Platz hat mit einer lieben Erinnerung an etwas Besonderes in Ihrem Leben zu tun. Vielleicht ist es ein Datum, das Sie an eine spezielle Begegnung mit Ihrem Schutzengel erinnert. Oder es ist einfach ein Tag, an dem Sie den spontanen Impuls in sich fühlen, dass der richtige Moment gekommen ist.

Folgende Sachen sollten Sie einpacken:
Nehmen Sie vier Steine mit. Die Steine sollten den Himmelsrichtungen entsprechen: ein weißer Stein für den Norden (Bergkristall oder Herkimer Diamant), ein blauer

für den Westen (Lapislazuli oder Sodalith), ein gelber für den Süden (Citrin oder Kalzit) und ein roter für den Osten (Feueropal oder Karneol). Außerdem brauchen Sie eine Kerze mit einem Windschutz, ein Räucherstäbchen oder eine Räuchermischung, für die Sie aber auch ein Gefäß und Kohle zum Verräuchern mitnehmen müssen. Wählen Sie einen Geruch, der den Engeln gefällt, z. B. Rose oder Jasmin. Wenn es für Sie stimmig ist, nehmen Sie eine Engelsfigur mit, die Sie dann auch an Ihrem Platz lassen können. Und packen Sie etwas ein, das für Sie wertvoll ist, etwas, das Sie an diesem Platz vergraben – es ist Ihr Geschenk an die Erde.

Sobald Sie an Ihrem Platz angekommen sind, sprechen Sie zuerst mit den Naturwesen, und informieren Sie sie über Ihren Plan, einen Engelplatz einzurichten. Bitten Sie sie um Erlaubnis und ihre Zustimmung. Sobald Sie ein gutes Gefühl haben oder vielleicht sogar ein »Ja« hören, beginnen Sie mit dem Ritual. Die Naturwesen freuen sich im Normalfall darüber, wenn wir Engelplätze erschaffen, denn auch sie kommunizieren durch uns mit den Engeln und umgekehrt.

Legen Sie zuerst die vier Steine entsprechend den Himmelrichtungen aus. Sie sollten so weit vom Mittelpunkt des Platzes entfernt liegen, wie Sie die äußere Grenze Ihres heiligen Raumes festlegen möchten. Bitten Sie die Erzengel, Erzengel Michael, Erzengel Uriel, Erzengel Raphael und Erzengel Gabriel, die zu den Himmelsrichtungen gehören, und die Herrscher der Elemente, Ihren Raum zu schützen, und laden Sie sie zur Einweihung Ihres Raumes ein. Bitten Sie auch Ihren Schutzengel darum, bei diesem Ritual besonders präsent zu sein und alle lichten Wesen einzuladen, an die Sie vielleicht nicht denken. Stellen Sie die Engelsfigur auf, und zünden Sie die Kerze an. Dann entzünden Sie das Räucherwerk. Bedanken Sie sich bei Mutter Erde dafür, dass sie solch einen kraftvollen Platz erschaffen hat, an dem Sie sich so wohlfühlen.

Setzen oder legen Sie sich auf die Erde, und spüren Sie, wie Sie sich aus Ihrem Wurzelzentrum ganz tief mit diesem Stück Erde verbinden. Ich empfehle Ihnen, dabei so viel direkten Hautkontakt mit der Erde zu haben, wie für Sie angenehm ist. Lassen Sie Ihre Liebe in die Erde hineinströmen, und spüren Sie, wie Sie mit jedem Atemzug tiefer mit der Erde eine Verbindung eingehen. Bitten Sie nun Ihren Schutzengel darum, die Kraft und die lichte Energie aus den himmlischen Reichen durch Sie hindurchzuleiten, damit an dieser Stelle eine tiefe Verbindung zwischen den Engeln, der Erde und Ihnen als Mensch entsteht – eine Dreieinigkeit.

Bitten Sie darum, dass dieser Platz Sie immer erkennen und Ihnen Ruhe, Frieden, Kraft und Liebe zuströmen lassen möge. Fühlen Sie Dankbarkeit und Liebe in Ihrem Herzen, denn dieser Platz ist Ihr ganz persönlicher Engel-kommunikationsplatz. Wenn Sie dorthin kommen, können Sie besonders leicht Kontakt zu Ihrem himmlischen Begleiter herstellen. Selbst wenn Sie irgendwo auf der Welt unterwegs sind, haben Sie die Möglichkeit, sich energetisch mit Ihrem Platz zu verbinden und um himmlische Unterstützung zu bitten. Bitten Sie um den Namen des Schutzengels, der für Ihren Platz zuständig ist, und laden Sie ihn ein, in Ihrem Herzen zu sein. Fragen Sie ihn, was Sie für diesen Platz tun können.

Wenn Sie sich bereit fühlen, legen Sie Ihr Geschenk in die Erde. Es ist etwas, das Ihnen sehr wertvoll ist und das mit Ihrem Herzen verbunden ist. Es verbindet diesen Platz, seinen Schutzengel und Sie auf der Herzensebene. Hinterlassen Sie mit dem Geschenk auch ein eigenes Haar, denn in diesem sind Sie gespeichert, und die Erde freut sich über diese Geste.

Sprechen Sie ein Gebet, oder singen Sie ein Mantra, das aus Ihrem Herzen kommt. Spüren Sie die Freude darüber, dass Sie nun einen eigenen Engelplatz eingerichtet haben. Bedanken Sie sich bei den Erzengeln, den Hütern der Elemente, den Naturwesen, den Tieren und allen, die daran beteiligt sind, dass Sie diesen wundervollen Ort kennen und auch nutzen dürfen.

Versprechen Sie, dass Sie diesen Platz pflegen und so oft besuchen, wie es Ihnen möglich ist. Mit jedem Besuch stärken und nähren Sie die Verbindung zu Ihren Engeln und die Kommunikation mit ihnen.

Nehmen Sie die Ritualgegenstände wieder an sich, und verabschieden Sie sich in Dankbarkeit und in dem Wissen, dass es nun einen Platz gibt, mit dem Sie von Herzen tief verbunden sind.

Welche Fragen Sie auch immer haben, welche Herausforderungen Sie auch immer gerade bewältigen müssen, welche freudigen Veränderungen in Ihrem Leben auch anstehen mögen, nutzen Sie diesen Platz zum Feiern, zum Sprechen, um Rat einzuholen, zum Ausruhen, zum Lachen, zum Weinen, zur Stärkung und vor allem dazu, Zeit mit den Engeln zu verbringen.

Sie können natürlich immer und überall mit den Engeln kommunizieren. An einem solchen Platz ergeben sich aber meist besonders schöne Gesprächsminuten mit Ihrem Schutzengel, den Erdenschutzengeln, den Naturwesen, den Krafttieren oder auch mit den anderen lichten Wesen. Solche Plätze werden stärker, je mehr wir sie pflegen und auch tatsächlich nutzen. Ich kann Sie nur dazu ermuntern, einen persönlichen Engelplatz in der Natur einzurichten.

Wie Sie die Verbindung mit Ihrem Schutzengel verstärken

Für Ihren Schutzengel ist es eine Selbstverständlichkeit, immer an Ihrer Seite zu sein. Gleichgültig, wie sehr Sie ihn auch ignoriert oder in der Vergangenheit vergessen haben, dieser Engel ist immer und überall, zu jeder Zeit und in jeder Situation für Sie da gewesen und wird bis zu Ihrem letzten Atemzug als Mensch immer für sie da sein.

Stellen Sie sich nur einen Moment lang vor, wie unermesslich und bedingungslos seine Liebe für Sie ist. Was immer Sie in Ihrem Leben auch getan haben oder noch tun werden, dieser Engel ist immer in Liebe für Sie da.

Ihr Schutzengel liebt Sie so, wie Sie sind. Lassen Sie ihn Ihre Liebe spüren.

Ihr Schutzengel liebt Sie so, wie Sie sind. Lassen Sie ihn Ihre Liebe spüren.

Spüren Sie die allumfassende Liebe, die von diesem Engel zu Ihnen fließt. Schließen Sie für einen Moment Ihre Augen, legen Sie Ihre Hände auf Ihr Herzzentrum, und spüren Sie, wie Wärme durch Ihr Herz hindurchströmt. Gehen Sie vor Ihrem inneren Auge alle wichtigen Stationen Ihres Lebens durch, und stellen Sie sich dabei vor, wie Ihr Schutzengel mit Ihnen gelacht, geweint, geliebt, gehofft, gezittert, gejubelt und vieles mehr getan hat. Wie er an Ihrem Bett gesessen hat, als Sie krank waren. Wie er Sie tröstend in seine Flügel nahm, als Sie Ihren ersten Kummer hatten. Wie er versucht hat, Sie aufzumuntern, als Sie so tief traurig waren. Wie er Ihr ganzes bisheriges Leben, alle Höhen und alle Tiefen mit Ihnen gemeinsam durchlebt hat.

Jetzt ist der Moment gekommen, in dem Sie all die Liebe, die Sie von Ihrem Engelsfreund bekommen haben, tief in Ihrem Herzen spüren. Lassen Sie Ihr ganzes Sein, jede einzelne Zelle Ihres Körpers und jede Schicht Ihres Lichtkörpers von dieser unermesslichen Liebe durchfluten. Wie ein zärtlicher, wärmender Strom durchfließt Sie die Liebe, die Ihr Schutzengel Ihnen sendet.

Stellen Sie sich nun vor, wie diese Liebe langsam und ganz sacht aus Ihnen hinausströmt, wie sich die Wellen dieser bedingungslosen Liebe zu Ihrem Schutzengel hinbewegen und Sie beide in diese Energie der Liebe einhüllen. Spüren Sie, wie Ihr Engel ganz nah an Sie herantritt, Sie zärtlich und liebevoll umarmt und wie Sie eine Einheit aus Liebe bilden.

Machen Sie Ihrem Schutzengel ein spontanes Geschenk, indem Sie ihm eine Liebeserklärung machen und Ihre Dankbarkeit für alles ausdrücken, was er für Sie ist und noch sein wird. Sie müssen nichts sagen, senden Sie nur die Botschaft über Ihr Herz in sein Herz.

Eine stille Kommunikation in Liebe von Herz zu Herz.

Genießen Sie diesen Moment des Einsseins mit Ihrem Schutzengel so lange, wie es für Sie gut ist. Dann lösen Sie sich aus der engen Verbundenheit ein wenig und fragen

Ihren Engel, was er gern hat und wie er Sie in Zukunft an sich und seine Präsenz erinnern wird, wenn Sie wieder einmal Gefahr laufen sollten, ihn zu vergessen oder auf seine weise, liebevolle Unterstützung zu verzichten. Vereinbaren Sie ein Zeichen, das er Ihnen in diesem Moment übermittelt. Es wird Sie in Zukunft immer sofort an ihn und diesen Augenblick erinnern.

Er kann Ihnen einen Gegenstand, eine Farbe, einen Geruch, ein Symbol, einen Stein oder etwas anderes zeigen. Bedanken Sie sich für alles, was er für Sie tut und noch tun wird, und nehmen Sie dieses Zeichen wirklich ernst. Notieren Sie es in Ihr Schutzengelbuch, mit einem kleinen

Vermerk, damit Sie sich auch wirklich immer an dieses Erlebnis erinnern können.

Vereinbaren Sie für die nächsten drei Wochen ein tägliches Rendezvous mit Ihrem Schutzengel. Jeden Tag zu einer bestimmten Zeit gehört Ihre gesamte Aufmerksamkeit Ihrem Engelbegleiter. Wählen Sie dazu einen Platz aus, an dem Sie sich besonders wohlfühlen. Bereiten Sie den Platz vor, in dem Sie zuerst eine kleine Reinigung machen, z. B. mit einer Räucherung, mit Wasser oder einem energetischen Reinigungsspray. Auf diese Weise bereiten Sie sich bewusst auf die Begegnung mit Ihrem Schutzengel vor. Er ist ohnehin immer in Ihrer Nähe, Sie drücken mit dieser Tätigkeit Ihren Respekt und Ihre Achtsamkeit vor seiner hohen Schwingung und seiner Liebe aus. Schutzengel lieben Gerüche, z. B. den Duft von Rosen, Jasmin, Magnolien, Orangenblüten oder auch leichten Weihrauchduft. Zünden Sie nach dem Reinigen ein Räucherstäbchen an, oder lassen Sie einen anderen schönen Duft verströmen. Verwenden Sie dabei nur naturreine, ätherische Öle. Ihr Schutzengel liebt auch Licht. Machen Sie ihm eine Freude, und wählen Sie eine schöne Kerze aus, die Sie während der nächsten drei Wochen nur bei Ihren täglichen Treffen entzünden. Auch Edelsteine lieben die Engel besonders. Suchen Sie sich einen Stein aus, der Sie stark anzieht. Dies soll Ihr Engelstein sein. Legen Sie ihn auf ein schönes Tuch, das Sie in Ihrem Raum ausbreiten, und bitten Sie Ihren Schutzengel, den Stein mit seiner Liebe zu segnen. Tragen Sie diesen Stein immer bei sich. Während der täglichen Treffen mit Ihrem Engel wird er immer stärker mit der Kraft der Liebe Ihres Schutzengels programmiert.

Nach den drei Wochen werden Sie Ihren Schutzengel nie mehr vergessen, denn Ihre tägliche Kommunikation mit ihm wird für Sie so selbstverständlich sein, dass Sie diese Minuten nicht mehr missen möchten. Später können Sie eine wöchentliche oder eine monatliche Intensivstunde mit Ihrem Schutzengel vereinbaren. Wenn Sie von nun an mit Ihrem Schutzengel in täglichem Kontakt stehen und seine Anwesenheit bewusst wahrnehmen, werden Sie bemerken, wie Ihr Leben leichter, licht- und liebevoller und auch fröhlicher wird.

Ihr Schutzengel hilft Ihnen dabei, sich selbst und Ihr Leben in Liebe anzunehmen.

Abendgebet und Morgengruß

Widmen Sie Ihrem Schutzengel jeden Abend vor dem Einschlafen einige Minuten. Bedanken Sie sich in dieser Zeit für alles, was er an diesem Tag für Sie getan hat, für jegliche Ihnen bewusste Unterstützung, aber auch alle Ihnen unbewusste Hilfen, die er Ihnen angedeihen lassen hat. Bitten Sie Gott um seinen Segen für Ihren Schutzengel, und ersuchen Sie Ihren Schutzengel darum, dass er seine schützenden Flügel um sie herumlegt, damit Sie in der Nacht behütet sind. Bitten Sie um seinen Schutz für alle Ebenen und Sphären, die Sie während der Nacht vielleicht durchwandern. Vergessen Sie nicht, um den Schutz aller Ihrer Körper zu ersuchen, damit Sie am Morgen wieder gesund und wohlbehalten aufwachen können. Wenn Sie in einer Partnerschaft leben, bitten Sie Ihren Schutzengel und den Schutzengel Ihres Partners darum, dass sie gemeinsam über Sie beide wachen. Schließen Sie auch Ihre Kinder in Ihr Gebet ein.

Wählen Sie Ihre eigenen Worte für dieses Gebet, und lassen Sie es zu einem täglichen Abendritual werden. Sie investieren in diese Einkehr nur einen kurzen Moment, aber Sie werden bemerken, dass Sie besser schlafen und dass sich Ihre Träume verändern.

Wenn Sie morgens aufwachen, danken Sie Ihrem Schutzengel für seine liebevolle Wache, die er während der Nacht neben Ihnen gehalten hat. Danken Sie ihm für seinen Schutz auf allen Ebenen und in allen Sphären sowie für den Schutz aller Ihrer Körper. Bitten Sie Gott, Ihren Schutzengel für seine unermüdliche Arbeit zu segnen. Danken Sie auch den Schutzengeln Ihres Partners und Ihrer Kinder dafür, dass auch sie wohlbehalten wieder aufgewacht sind, und lassen Sie auch diese Schutzengel segnen.

Bitten Sie Ihren Schutzengel, Ihnen während des Tages beizustehen und Sie vor allem zu beschützen, was Ihnen schaden, was Sie von Ihrem Weg der Entwicklung abbringen und was Sie schwächen könnte. Sie werden bemerken, wie Ihr Leben leichter, fließender, erfolgreicher und beschwingter wird, weil Sie Ihre Kraft bei sich behalten können und keine Energien mehr verschwenden.

Je tiefer und bewusster Sie mit Ihrem Schutzengel zusammenarbeiten, desto leichter wird Ihr Leben.

Schutzengelritual

Dieses besondere Ritual verbindet Sie ganz tief mit der Energie Ihres Schutzengels. Nach ein paar Mal fällt es Ihnen sicherlich sehr leicht, das Ritual immer und überall zu vollziehen. Zuerst sollten Sie es aber bei ausreichend Zeit und in einem geschützten, ruhigen Raum ausführen. Bereiten Sie den Raum so vor, wie Sie es möchten, z. B. mit Kerzenlicht, leiser Musik, einem guten Duft oder nur Stille. Es ist Ihr Ritual, und Sie bestimmen, wie Sie sich wohlfühlen.

Setzen Sie sich aufrecht hin, und bringen Sie Ihre Aufmerksamkeit in den Moment. Am einfachsten gelingt Ihnen dies, wenn Sie sich auf Ihren Atem konzentrieren. Wenn Sie sich ruhig und zentriert fühlen, bitten Sie Ihren Schutzengel darum, hinter Sie zu treten. Spüren Sie, wie er ganz sanft seine Flügel um Sie legt und Ihr Herzzentrum berührt. Genießen Sie die tiefe Liebe, die zwischen Ihnen spürbar zu fließen beginnt. Bitten Sie Ihren Schutzengel, ganz mit Ihnen zu verschmelzen, so, als wären er Sie und Sie er. Spüren Sie, wie Sie eins werden.

Stellen Sie sich nun eine sehr herausfordernde Situation Ihres Lebens vor, und betrachten Sie diese aus den Augen Ihres Schutzengels. Spüren Sie die bedingungslose Liebe und die Unterstützung, die von Ihrem Engelbegleiter kommt. Gehen Sie alle Aktionen und Reaktionen vor Ihrem inneren Auge noch einmal durch. Wie haben Sie die Situation damals gesehen und wie sieht sie Ihr Schutzengel? Wie sieht er Sie als seinen geliebten Menschen? Wie oft waren Sie hart und ohne Mitgefühl gegen sich selbst und Ihre Gefühle? Wie oft haben Sie nicht auf die Stimme Ihres Schutzengels gehört?

Spüren Sie, was sich verändert, wenn Sie sich mit den Augen Ihres Schutzengels betrachten. Spüren Sie die Liebe, die Sie immer umgibt, das Mitgefühl, die Sanftheit und die Zartheit Ihres Schutzengels, der so viel Stärke, Schutz und Klarheit in sich trägt. Nehmen Sie diese tiefe Liebe in jedem Augenblick Ihres Lebens an.

Sehen Sie vor Ihrem inneren Auge, wie Ihr Leben in Zukunft leichter und freudvoller wird, weil Sie sich und Ihre Handlungen aus den Augen Ihres Schutzengels betrachten können. Bitten Sie Ihren Schutzengel um Lösungsmöglichkeiten bei Problemen, die Sie belasten. Senden Sie ihn zu den Schutzengeln Ihrer Mitmenschen, und vertrauen Sie darauf, dass Sie immer die bestmögliche Unterstützung von Ihrem Engelbegleiter bekommen.

Lösen Sie sich wieder von Ihrem Schutzengel, und bedanken Sie sich dafür, dass er Ihnen die Möglichkeit gegeben hat, Sie aus seiner Perspektive zu sehen und auch zu spüren. Bedanken Sie sich dafür, dass Sie jetzt, tief in Ihrem Sein, erfahren haben, dass es in Ihrem Leben auch leichter gehen darf.

Mit etwas Übung können Sie Ihren Schutzengel immer und überall bitten, mit Ihnen zu verschmelzen, sodass Sie seine Sichtweise erfahren. Auf diese Weise werden Sie liebevoller und mitfühlender mit sich selbst umgehen. Sie öffnen sich für eine aktive Zusammenarbeit mit Ihrem Schutzengel. Und Sie werden bemerken, wie Sie sehr viele Situationen völlig anders wahrnehmen, wenn Sie sie aus seinen Augen betrachten.

Dieses kleine Ritual führt Sie zu mehr Frieden, Liebe und Mitgefühl für sich selbst. Ihr Schutzengel hat immer nur Ihr höchstes Wohl zum Ziel, und durch diese enge Verbindung mit seiner Liebe richten auch Sie Ihren Fokus auf Ihre höchsten Ziele und Möglichkeiten. Dadurch vermeiden Sie kraftraubende und lange Umwege in Ihrem Leben.

In den Minuten der Vereinigung mit Ihrem Schutzengel erfahren Sie, wie es sich anfühlt, wenn Sie wie ein Engel fühlen, sehen, denken und handeln. Je öfter Sie diese Verbindung eingehen, desto leichter wird eine sehr hohe Schwingungsfrequenz in Ihnen aktiviert.

Schutzengelgebet

ie einfachsten und stärksten Gebete sind immer die, die wir aus der tiefen Verbundenheit unseres Herzen und in unseren eigenen Worten zu unserem Schutzengel sprechen. Gebete müssen weder eine Reimform haben noch ist es wichtig, sie zu bestimmten Zeiten auszusprechen oder sie ständig zu wiederholen. Gebete können der Heilung gewidmet sein, der Dankbarkeit, der Hilfe um Einsicht oder der Bitte um Kraft. Wir können Gebete für uns selbst, für einen geliebten Menschen, ein Tier, die Erde oder auch die geistige Welt sprechen. Neben dem Gebet können wir noch die Kraft des Segens nutzen und für die guten Dinge wirken lassen.

Je tiefer Sie empfinden, was Sie zu Ihrem Schutzengel sagen, desto kraftvoller und wirkungsvoller ist das Gebet. Ein Gebet zu unserem Schutzengel ist wie ein Gespräch, in dem wir in einen inneren Dialog mit ihm treten oder auch tatsächlich laut aussprechen, was wir ihm gern sagen wollen. Im Gebet erinnern wir uns daran, dass wir mit unserem Engel auch sprechen können und dass wir ihn und seine Hilfe nicht vergessen.

Geben Sie Ihren Kindern den besten Start in ihre Erdenreise, und beten Sie täglich mit ihnen zu den Schutzengeln. Durch dieses Ritual wird es für Ihr Kind zu einem Bestandteil des Tages, den Kontakt zu seinem Schutzengel zu pflegen. Denken Sie daran, Ihrem Kind auch zu zeigen, dass es neben dieser gemeinsamen Gebetsminute immer die Möglichkeit hat, mit seinem Schutzengel zu sprechen, ihm zu danken, ihn um Rat zu fragen, um Heilung aller kleinen und großen Nöte zu bitten und ihn als einen ständig anwesenden, besten Freund zu betrachten und auch so zu behandeln.

Immer, wenn ich abends meine Nachtgebete spreche, bitte ich meinen Schöpfer um seinen Segen für alle meine Lieben, für bestimmte Situationen, für spezielle Menschen, für Gaia und für meinen Schutzengel.

Manchmal ist es auch wichtig, um den Segen Gottes für einen spezifischen Engel oder Erzengel zu bitten. Sie drücken damit Ihre Dankbarkeit für alles aus, was Sie an Lebensgeschenken bekommen, und geben ein wenig davon zurück. Ein Gedanke in Liebe und Achtsamkeit oder ein Gebet, das Sie für eine andere Person sprechen, kann ein Leben verändern. Nehmen Sie Ihre Möglichkeit wahr, ein menschlicher Schutzengel für anderen zu sein, und beginnen Sie, die Kraft der Gebete zu nutzen.

Beispiele

Lieber Schutzengel, ich bitte dich,
behüte mich auf allen meinen Wegen.
Gehe vor mir, hinter mir und neben mir.
Lasse deine Liebe ständig um mich sein. Danke.

Schutzengel mein, lasse mich auch heute von dir behütet sein.

Geliebter Schutzengel mein,
gib mir bitte deinen Schutz und deinen Segen.
Danke, dass du für mich da bist und
mit mir auf allen meinen Wegen gehst.

Mein Schutzengel, bitte hülle mich ein
in deine schützende Kraft und in deine Liebe. Danke.

Dein Schutz um mich, meine Liebe für dich.
Diese Kraft kreiert ein Wir, und dafür danke ich dir.
Dein Schutz umweht mich wie ein leichter Hauch.
Du bist allzeit bereit, wo immer ich dich auch brauch.
Dein Schutz umgibt mich alle Zeit.
Du bist immer für mich und mein Wohl bereit.
Ich danke dir für alles, was du für mich bist.
Es ist wundervoll, dass du mein Schutzengel bist.

Ich bin für dich so kostbar wie dein Augenstern,
und ich weiß, du hast mich bedingungslos gern.
Deine Liebe für mich kennt keine Schranken,
ich möchte mich aus tiefstem Herzen dafür bei dir bedanken.

Mein Schutzengel, wie oft warst du wohl schon für mich da,
ohne dass ich es sah.
Deine Liebe für mich stellt keine Fragen,
und deshalb würdest du mir auch niemals sagen,
wie oft ich dich schon vergessen hab.
Eines weiß ich heute ganz klar, gleichgültig, was früher war,
auch ich liebe dich, und deshalb bedanke ich mich.

Über die Autorin

Barbara Heider-Rauter, die seit ihrer Kindheit hellsichtig und hellfühlig ist, hat den Kontakt zu den lichtvollen Begleitern bis heute nie verloren. Sie gibt Meditationsabende und Seminare zur Arbeit mit dem Schutzengel, arbeitet weltweit als Lehrerin für Aura-Soma und führt seit mehreren Jahren eine Buchhandlung in Salzburg.

Kontaktadresse:

Barbara Heider-Rauter
Franz-Josef-Straße 25b
5020 Salzburg

info@aurasomashop.at
www.avalon-spirit.com

Bildnachweis

Fotografien von Roland Rauter: S. 34, S. 52, S. 67, S. 74

Fotografien von Alexandra Schubert: S. 5, S. 17, S. 27, S. 35, S. 43, S. 51, S. 77, S. 80, S. 83, S. 87, S. 91, S. 94

Fotografien aus www.fotolia.de:
S. 1, S. 16, S. 26, S. 50, S. 76, S. 86: # 950411 // S. 11: # 985748 // S. 23, S. 39, S. 46, S. 71, S. 88: # 3318204 // S. 32: # 8163861 // S. 58: # 5112652 // S. 64: # 122299